Inhalt

Betriebliche Gesundheitsvorsorge

Kernthesen

Beitrag

Fallbeispiele

Weiterführende Literatur

Impressum

Betriebliche Gesundheitsvorsorge

M. Reiner

Kernthesen

- Jährlich verzeichnen deutsche Unternehmen zahlreiche Arbeits- und Produktionsausfälle aufgrund hoher Krankenstände des Personals. (1), (2)
- Die Ursachen für die Erkrankungen sind oft arbeitsbedingt und führen zu erheblichen Kosten für die Betriebe. (6), (10), (11)
- Um die hohen Kosten, die für Unternehmen durch krankheitsbedingte Personalausfälle entstehen, dauerhaft zu senken, wird ein Umdenken in Richtung betriebliche Gesundheitsvorsorge notwenig. (4), (6)

Beitrag

Jährlich entstehen für Unternehmen hohe Kosten, die allein auf krankheitsbedingte Fehltage von Arbeitnehmern zurückzuführen sind. Vor allem psychische Krankheiten, als Folge von Stress am Arbeitsplatz, haben in den letzten Jahren starken Zuwachs bekommen. Das muss nicht sein. Von einer gezielten betrieblichen Gesundheitsvorsorge können beide Seiten profitieren, indem Krankheiten vermieden und die Produktivität der Mitarbeiter deutlich gesteigert wird.

Krankenstand

Nach einer Statistik des Bundesgesundheitsministeriums fehlten im ersten Halbjahr 2002 die Arbeitnehmer 4,18 Prozent der Sollarbeitszeit bzw. 5,1 Arbeitstage. Dabei, so die DAK, verzeichneten Angestellte und Beamte des öffentlichen Dienstes und des Gesundheitswesens in Berlin den höchsten Krankenstand. Auch in Sachsen herrscht ein vergleichsweise hoher Krankenausfall, der auf ungünstige Arbeitsbedingungen und die Wirtschaftsstruktur zurückzuführen ist. In Bayern und Baden-Württemberg gab es die wenigsten

Krankheitsfälle. (1), (2), (11)

Dass im Vergleich zum Vorjahr die krankheitsbedingten Fehlquoten niedriger sind, liegt an der schwachen Konjunktur. Angestellte bangen um ihren Arbeitsplatz und verzichten daher auf Krankschreibungen. (11)

Unternehmer sollten sich davon aber nicht blenden lassen. Ob der Stand nämlich auch im Aufschwung so bleibt, ist zu bezweifeln. Außerdem verursacht die Angst um den Arbeitsplatz ebenfalls Kosten durch ein schlechtes Betriebsklima und damit eine niedrigere Produktivität. (7)

Krankheitsarten

Unter den Krankheiten sind am häufigsten Erkrankungen des Muskel-Skelett-Systems zu verzeichnen. An zweiter Stelle rangieren Krankheiten der Atemwege, gefolgt von leichten Verletzungen. Bereits an vierter Stelle stehen psychische Leiden wie Angst, Essstörungen oder Depressionen. Dieser Krankheitstypus ist zwischen 1997 und 2001 um mehr 50 Prozent angestiegen. (1)

Ursachen

Als Ursachen für Erkrankungen des Muskel-Skelett-Systems gelten vor allem zu wenig Bewegung, eine falsche Ernährung und eine schlechte Ergonomie am Arbeitsplatz.

Psychische Leiden sind meist die Folgen von Karrierestress und Leistungsdruck. Mobbing und die Angst um den Job führen schnell zu einem Burnout. Krankheitsbilder, die dadurch entstehen können, sind beispielsweise psychosomatische Erkrankung wie Hörsturz oder Ohrengeräusche, Selbstzweifel, Ängste oder ein sinkendes Durchsetzungsvermögen. (3)

Auch die Tatsache, dass heutzutage die meisten Angestellten ständig vernetzt arbeiten, hat negative Auswirkungen auf die Gesundheit. Nach der Überzeugung amerikanischer Arbeitsmediziner entspricht ein Web-Jahr der Belastung von drei normalen Arbeitsjahren. (3)

Auswirkungen von Krankheitsfällen auf die Unternehmen

Die Kosten, die durch krankheitsbedingte Ausfälle von Mitarbeitern entstehen, sind erheblich. 300 Euro kostet im Schnitt jeder Krankheitstag einen deutschen Unternehmer. In Deutschland wurden bereits in den ersten sechs Monaten dieses Jahres aus Krankheitsgründen 1,1 Mrd. Arbeitsstunden nicht erbracht. (10), (11)

Die Kosten für die Wirtschaft allein durch stressbedingte Krankheiten, auf die 50 bis 60 Prozent der Ausfälle in europäischen Unternehmen zurückzuführen sind, werden auf jährlich 20 Milliarden Euro geschätzt. (6)

Nicht kalkuliert sind hierbei die Kosten, die durch eine stressbedingte, niedrigere Produktivität entstehen. Denn nicht nur Fehltage und der damit verbundene Arbeits- und Produktionsausfall wirken sich auf das Unternehmen aus. Unzufriedene Angestellte sind weniger motiviert und identifizieren sich nicht so stark mit der Firma. Dadurch sinkt die Produktivität der Mitarbeiter und verursacht ebenfalls hohe Kosten. (6)

Was können Unternehmer tun?

Unternehmer, die durch Krankheit entstehende

Kosten auf Dauer reduzieren wollen, müssen die betriebliche Gesundheitsförderung als eine langfristige, strategische Personalaufgabe betrachten. (3), (4)

Gezieltes, auf den Betrieb und die Mitarbeiter zugeschnittenes Gesundheitsmanagement reduziert Krankheitstage und -kosten, steigert die Leistungsfähigkeit und Motivation und fördert die Produktivität. (5)

Um dies zu erreichen, sollten Firmen mit Hilfe von privaten Beratern oder gesetzlichen Krankenkassen die spezifischen Belastungen am Arbeitsplatz ermitteln und langfristige Maßnahmen zur Gesundheitsförderung eruieren. Dazu gehören Sport- und Freizeitangebote, Verpflegungsmöglichkeiten im Unternehmen, die Arbeitsgestaltung, die Ergonomie am Arbeitsplatz sowie die Arbeitssicherheit oder Arbeitszeitmodelle. Die Konzepte berücksichtigen außerdem, ob die Angebote während oder außerhalb der Arbeitszeit erbracht werden und ob eine Selbstbeteiligung der Mitarbeiter gefordert wird. Welche Kosten von den Krankenkassen getragen werden, ob die Mitarbeiter privat oder per Krankenschein abrechnen, ist in jedem Fall gesondert zu klären. (4), (9)

Fallbeispiele

Kosten in Höhe von 27,4 Milliarden Euro verzeichneten deutsche Betriebe im Jahr 2000 aufgrund krankheitsbedingter Fehlzeiten. Jeder Tag kostet die Unternehmen rund 300 Euro. Bis zum ersten Jahreshalbjahr wurden wegen Krankheit bereits 1,1 Mrd. Arbeitsstunden nicht erbracht. Um diesen Zuständen entgegenzuwirken, haben sich über 200 Firmen dazu entschlossen, mit Unterstützung der AOK ein betriebliches Gesundheitsmanagement aufzubauen. (10), (11)

Zwischen dem Management-Stil einer Firma und den Fehlzeiten der Mitarbeiter besteht nach einer Studie von Dieter Frey und Markus Wendt ein klarer Zusammenhang. In Unternehmen, die keine kontinuierliche Personalarbeit betreiben, sind die Mitarbeiter weniger motiviert und die Identifikation mit der Firma ist geringer. Die Folge sind bis zu dreimal so hohe Fehlzeiten wie bei Konkurrenten mit einer langfristigen strategischen Planung.(7)

Um die Krankheitsausfälle in ihrem Unternehmen zu senken, bietet die Hypo-Vereinsbank in München ihren Mitarbeitern ein gesundes Kantinenessen,

Massagen und zahlreiche sportliche Aktivitäten. Auch der Nestlé Konzern in Hamburg konnte durch ein internes Gesundheitsprogramm seine Krankenstände halbieren und eine deutlich größere Mitarbeiterzufriedenheit erreichen. (9)

Die Berliner Ausländerbehörde hat in Zusammenarbeit mit der Betriebskrankenkasse Berlin die Ausfallquote von kranken Mitarbeitern von 30 auf 10 Prozent senken können. Hierfür wurden Führungskräfte geschult und die Qualität der Arbeitsplätze durch eine bessere Ergonomie erhöht. (12)

Wie innovativ Firmen bei der Gesundheitsvorsorge sein können, zeigen die Beispiele des Bayer Konzerns, der Deutschen Telekom, des Otto Schmid Verlages oder der Stadtsparkasse Köln. Powerpausen, ergonomische Einrichtungen, Software für Rückengymnastik, Trennkost, Gratismassagen und Sitzschulungen sind nur einige Maßnahmen, mit denen die Firmen ihre Krankenstände reduzieren und die Motivation steigern konnten. (13)

Die Sparkassenversicherung bietet ihren Mitarbeitern nach Feierabend zahlreiche Gesundheitsprogramme wie Wirbelsäulengymnastik, Aquajogging, Snowboarden oder Rafting an. Etwa 40 Prozent der Mitarbeiter nutzen das Angebot an den Standorten

Stuttgart, Karlsruhe und Mannheim. Das Budget für die Gesundheitsaktivitäten beträgt 50.000 Euro, wobei eine Selbstbeteiligung der Mitarbeiter erhoben wird. (8)

Damit Mitarbeiter besser mit der Belastung von Schichtarbeit umzugehen lernen, bietet das Chemieunternehmen Cognis Angestellten und Ehepartnern Wochenendseminare im Wellenesshotel an. Dort stehen ihnen Ernährungsberater, Ärzte und Therapeuten zur Verfügung. (9)

Um einer krankheitsbedingten Ausfallquote von 8,6 Prozent entgegenzuwirken, hat der Baukonzern Strabag in Magdeburg zusammen mit der AOK ein Programm zur Gesundheitsförderung gestartet. 300.000 Euro wurden investiert. Heute liegt die Quote deutlich niedriger bei 4,8 Prozent. 500.000 Euro will das Unternehmen dadurch eingespart haben. (10)

Im September und November dieses Jahres bietet der Berufsverband staatlich geprüfter Gymnastiklehrerinnen und -lehrer e.V. zusammen mit der Kölner Wirtschaftsakademie Weiterbildungen wie Bewegung und Ergonomie am Arbeitsplatz, Personaltraining oder Stressprävention und -bewältigung am Arbeitsplatz an. Teilnehmen können unter anderem auch Personalentscheider, Betriebsräte und Beauftragte für die betriebliche

Gesundheitsförderung. (5)

Betriebliche Gesundheitsförderung muss in der Organsationsentwicklung angesetzt werden. Die Bildung von Gesundheitszirkeln, ergänzt mit Arbeitskreisen, kann eine sinnvolle Maßnahme sdarstellen. (4)

Vom 6. bis 8. September fand eine Tagung über den Zusammenhang von Qualität der Arbeit & Lebensqualität statt. Unter anderem präsentierten Betriebsräte modellhafte Betriebsvereinbarungen zum Gesundheitsschutz. (14)

Weiterführende Literatur

(1) In öffentlichem Dienst und Gesundheitswesen ist die Quote nach einer DAK-Studie besonders hoch - Psychische Erkrankungen nehmen zu Berlin hat bundesweit den höchsten Krankenstand
aus Die Welt, Jg. 52, 10.07.2002, Nr. 158, S. 35

(2) DAK verzeichnet in Sachsen Krankenstand über dem Bundesdurchschnitt, LVZ Leipziger-Volkszeitung, Ausgabe Dresdner Neueste Nachrichten vom 26.07.2002, S. 4
aus Die Welt, Jg. 52, 10.07.2002, Nr. 158, S. 35

(3) Männer entdecken ihre Gesundheit

Hormontherapie ist kein Ersatz für das Ausdauertraining
aus Neue Zürcher Zeitung, 26.06.2002, S. 73

(4) Mehr als nur ein Lippenbekenntnis? /Gesundheitsförderung soll Unternehmen weiterbringen
aus Neue Zürcher Zeitung, 08.05.2002, S. 85

(5) Weiterbildung auch für Personalentscheider. Gesundheitsmanagement wichtig für Motivation, Kölner Stadtanzeiger vom 15.06.2002
aus Neue Zürcher Zeitung, 08.05.2002, S. 85

(6) Streß am Arbeitsplatz ist teuer
aus Frankfurter Allgemeine Zeitung, 02.07.2002, Nr. 150, S. 18

(7) Braun, Manfred, Studie. Planloses Management macht Mitarbeiter krank im wörtlichen Sinn, Süddeutsche Zeitung, Ausgabe Deutschland vom 04.05.2002, S. V 1/17
aus Frankfurter Allgemeine Zeitung, 02.07.2002, Nr. 150, S. 18

(8) Zahlreiche Betriebe formen ihre traditionellen Sportgruppen zu modernen Gesundheitszentren um. Der Stuttgart-Lauf gehört zum Pflichtprogramm, Stuttgarter Zeitung vom 27.06.2002
aus Frankfurter Allgemeine Zeitung, 02.07.2002, Nr. 150, S. 18

(9) Kreative Pause
aus Lebensmittel Zeitung Spezial Nr.02 vom 17.05.2002
Seite 048

(10) Albersmann, Ute, Gesundheitsförderung. Haltungsnoten für die Baggerfahrer. AOK-Programm senkt Krankenstand in Betrieben deutlich ab, Mitteldeutsche Zeitung, Gesamtausgabe vom 03.08.2002
aus Lebensmittel Zeitung Spezial Nr.02 vom 17.05.2002
Seite 048

(11) Halbjahresbilanz des Gesundheitsministeriums: Westdeutsche fehlen häufiger Krankenstand sinkt auf Vier-Jahres-Tief
aus Die Welt, Jg. 52, 31.07.2002, Nr. 176, S. 11

(12) Gesundheitszirkel sollen hohen Fehlzeiten im öffentlichen Dienst abhelfen Management gegen Krankenstand
aus Die Welt, Jg. 52, 17.07.2002, Nr. 0, S. 35

(13) Reims, Martina, Betriebssport macht ‚Bürohengste' fit. Immer mehr Unternehmen lassen sich die Gesundheit ihrer Mitarbeiter etwas Kosten, Kölner Stadtanzeiger vom 12.08.2002
aus Die Welt, Jg. 52, 17.07.2002, Nr. 0, S. 35

(14) Über die Lebenswirklichkeit im Betrieb und im privaten Leben Eine Konferenz in Frankfurt widmet sich dem Thema Humanisierung des Arbeitslebens / Erfahrungsberichte erwünscht / Termin: 6. - 8.

September
aus Frankfurter Rundschau v. 24.08.2002, S.35

Impressum

Betriebliche Gesundheitsvorsorge

Bibliografische Information der deutschen Nationalbibliothek

Die Deutsche Nationalbibliothek verzeichnet diese Publikation in der deutschen Nationalbibliografie; detaillierte bibliografische Daten sind im Internet über http://dnb.d-nb.de abrufbar.

ISBN: 978-3-7379-1001-9

© 2015 GBI-Genios Deutsche Wirtschaftsdatenbank GmbH, Freischützstraße 96, 81927 München, www.genios.de

Alle Rechte vorbehalten. Dieses Werk ist einschließlich aller seiner Teile – z.B. Texte, Tabellen und Grafiken - urheberrechtlich geschützt. Jede Verwertung außerhalb der Grenzen des Urheberrechtsgesetzes bedarf der vorherigen Zustimmung des Verlags. Dies gilt insbesondere auch für auszugsweise Nachdrucke, fotomechanische Vervielfältigungen (Fotokopie/Mikroskopie), Übersetzungen, Auswertungen durch Datenbanken oder ähnliche Einrichtungen und die Einspeicherung und Verarbeitung in elektronischen Systemen.